ALBERT TRACHSEL

RÉFLEXIONS

sur

L'ENSEIGNEMENT

PARIS

LIBRAIRIE DE LA FRANCE SCOLAIRE

17, RUE GUÉNÉGAUD, 17

1898

RÉFLEXIONS SUR L'ENSEIGNEMENT

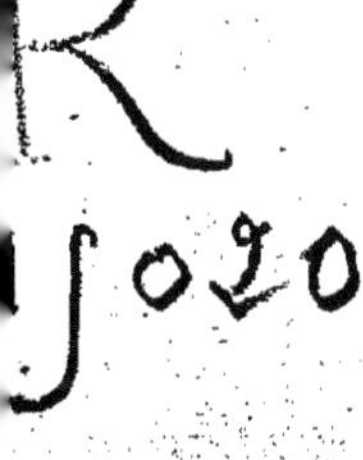

DU MÊME AUTEUR

Quelques mots sur l'Art Suisse. (Lausanne 1890).

Le Cycle. (Genève et Paris 1893. F. Clerget, éditeur 1896).

Transformation du château de la Boissière (1893-1895).

Projet d'une transformation et d'un agrandissement de la ville de Genève. (Genève 1896).

Réflexions à propos de l'Art Suisse à l'exposition nationale de 1896. (Genève 1896). En v. chez Clerget.

Le massacre des Arméniens. (Genève 1896). En v. chez Clerget.

Les Fêtes Réelles. (Édition du Mercure de France. Paris 1897).

EN PRÉPARATION

L'Étoile Verte.

Rêveries dans la Montagne.

Le Rôle de la Suisse et les caractéristiques de son Génie.

La Philosophie de l'Architecture.

Album de compositions sur l'Art Suisse.

La Nuit Spectrale.

SAINT-AMAND, CHER. — IMPRIMERIE BUSSIÈRE FRÈRES.

ALBERT TRACHSEL

REFLEXIONS

SUR

L'ENSEIGNEMENT

PARIS

LIBRAIRIE DE LA FRANCE SCOLAIRE

17, RUE GUÉNÉGAUD, 17

1898

RÉFLEXIONS

SUR L'ENSEIGNEMENT

I

De la diffusion des idées.

Étant donné que l'on se préoccupe de plus en plus de nos jours de l'instruction à donner aux nations, aux collectivités, il semble logique de rechercher les meilleurs moyens de rendre cette instruction aussi commode, aussi pratique, aussi simple et accessible que possible.

L'instruction d'un peuple ne se fait pas

seulement dans les écoles, elle doit se continuer encore après la sortie des divers établissements de pédagogie. Le citoyen doit pouvoir poursuivre et compléter son instruction une fois qu'il est sorti des classes. Il faut à ce moment là, à côté de son travail, à côté de l'atelier, à côté de son bureau, qu'il puisse se tenir au courant de tout ce qui se fait de nouveau dans le domaine des arts, des sciences, des faits moraux ou sociaux, ou qu'il puisse compléter ce qu'il n'a pas pu apprendre en entier dans les écoles.

Quels vont donc être ces moyens d'éducation, de vulgarisation ? Ce sera le journal, la brochure, le livre, le musée ou la conférence. C'est-à-dire en résumé : « l'*écrit* » par la brochure ou le livre, « *l'exemple* » par le musée, et « *la parole* » par la conférence.

Somme toute, l'éducation sera :

1. Visuelle-auditive,

2. Visuelle,
3. Orale.

* *

Or, il faut bien avouer que de nos jours il reste encore beaucoup à faire dans les divers domaines de vulgarisation. En général, les diverses méthodes employées pour répandre la Vérité, la Science, le Bien ou le Beau, pèchent par leur manque de pratique ou de simplicité. Les gouvernements des divers pays parlent toujours cependant d'instruction, de la nécessité de répandre cette instruction, d'éclairer les foules, etc., et pourtant on constate qu'il reste encore beaucoup à améliorer dans cette sphère d'activité, que la diffusion des idées ne se fait pas

encore par des moyens ni très logiques,
ni très simples ou économiques.

1. — Diffusion par l'écriture

Il faut reconnaître que dans ce domaine, la diffusion commode laisse
beaucoup à désirer. Ou bien les vérités
scientifiques sont recueillies dans de gros
livres uniquement accessibles aux spé-
cialistes, ou bien elles le sont sous forme
d'articles de journaux incomplets, ou de
brochures mal construites.

La grande masse de la population d'un
pays ne peut pas acheter ces gros livres
parce qu'ils sont très chers, ou parce que
cette population n'aurait pas le temps de
les lire avec fruit.

Si l'on regarde par exemple ce qui se passe pour cette science pourtant si utile à être répandue : l'hygiène, on verra ou bien qu'elle sera confinée en des livres épais, chers et uniquement accessibles aux savants, ou bien que les rares brochures ou livres à bon marché qui sont faits, sont des résumés mal ordonnés, peu clairs, ou incomplets.

Il en est de même des bibliothèques, qui laissent souvent fort à désirer au point de vue de la clarté de classification, où des facilités de consultation. Une bibliothèque bien classée devrait plutôt être divisée par salles correspondant aux matières traitées ; on aurait par exemple des salles de physique, chimie, littérature, etc., au lieu d'avoir tout entassé dans de mêmes locaux. Chaque salle aurait son personnel spécial. On obtiendrait ainsi son livre beaucoup plus facilement et plus rapidement.

2. — DIFFUSION PAR L'EXEMPLE

Les musées, qui sont de puissants moyens d'instruction, sont en général très mal organisés, mal conçus dans ce but. C'est le plus souvent un pêle-mêle, et quelquefois même un véritable désordre de bazar. Ils ne sont souvent pas supérieurs en cela aux grands magasins qui vendent de tout, et où tout s'accumule.

Les musées des Beaux-Arts conçus d'une façon rationnelle, devraient offrir au public une série de salles se suivant par époque ou par civilisation. On passerait par exemple de la salle grecque pour aller dans la salle romaine, de là dans les salles byzantine, romane gothique, renaissance, etc. ; l'évolution de l'Art serait rendue ainsi tangible, dans son ordre naturel et logique. Et pour la même époque on pourrait avoir des subdivisions par pays, par écoles, et même parfois, si l'artiste est un grand génie, par maîtres.

En dehors de ces salles, il devrait y avoir aussi d'autres salles, de grandes salles divisées par civilisations, et qui seraient comme des sortes de synthèses de tout l'Art de chaque civilisation ou race.

Dans la salle de la Renaissance italienne, on placerait par exemple des moulages, des figurations de monuments, des réductions en plâtre des principaux édifices, de grandes vues, photographies d'intérieurs ou d'extérieurs de monuments, puis les reproductions des principaux chefs-d'œuvre de peinture ou de sculpture, avec quelques originaux de ces arts, ainsi que des objets de l'art décoratif ou industriel, des photographies de paysages italiens, et des costumes de l'époque, afin de bien montrer l'harmonie qu'il y a, la relation existant entre les divers arts d'un pays, d'une époque, la race et les paysages.

On aurait aussi d'autres grandes salles analogues consacrées à l'Egypte, à l'Inde, à l'Assyrie, etc.

Puis faire les musées aussi accessibles que possible, éviter toutes complications administratives, les rendre toujours gratuits, les ouvrir à des heures commodes pour tous, les ouvrir le soir s'il le faut, et les dimanches et jours de fête, alors que la grande masse de la population est libre.

On pourrait formuler également des critiques au sujet du manque de logique, d'ordre, de la plupart des collections d'histoire naturelle, lesquelles devraient comprendre dans le même édifice des salles enchaînées selon diverses méthodes de classification.

Un musée d'histoire naturelle, conçu d'une façon rationnelle, devrait nous montrer les classifications suivantes :

a) *Classification d'après l'évolution géologique.*

On aurait d'abord des salles montrant les animaux ou les fossiles des êtres organiques des premières époques, et on poursuivrait par successives évolutions jusqu'aux êtres des temps actuels. On aurait ainsi la représentation tangible des végétaux et animaux ayant correspondu aux diverses grandes périodes de transformations géologiques par lesquelles notre globe passa.

b) *Classification d'après l'évolution des êtres par espèces.*

On partirait des animaux les plus inférieurs, les infusoires, agrandis sur des tableaux graphiques, les protozoaires, les vers ; puis, par des salles se suivant dans leur ordre, on passerait aux quadrupèdes, aux grands singes, et enfin à l'homme. On aurait ainsi une vision précise de l'évolution animale, de la transformation, de la perfectibilité organique, de la progression vers des organismes de plus en plus parfaits. Des tableaux graphiques et des schémas seraient adjoints pour plus de clarté.

c) *Classification continentale.*

On aurait les grandes divisions : Afrique, Europe, Amérique, Asie,

Océanie, renfermant les animaux, les minéraux et les plantes de ces divers continents, avec au besoin des reproductions des races de ces continents, des photographies de paysages, etc. Et chaque continent pourrait être divisé à son tour par latitudes et par pays.

d) *Classification par genres.*

Tous les ruminants par exemple, tous les ovipares, tous les vivipares, etc., de tous pays seraient ensemble, par salles successives.

e) *Classification par latitude ou par altitude.*

On aurait là tous les animaux ou plantes qu'on trouve répandus aux mêmes altitudes ou latitudes de tous les points de la planète.

* * *

L'enseignement des musées serait ainsi utile aux visiteurs, développerait leur intelligence et leurs facultés d'observation et de comparaison, au lieu de montrer ce que ces salles montrent le plus souvent, c'est-à-dire un chaos désordonné, des salles établies sans méthode, où le visiteur se perd, et qui ne deviennent plus pour la foule qu'un sujet de curiosité guère plus utile pour son instruction que les musées de cire des fêtes foraines, où l'on montre des singes empaillés à côté de scènes anatomiques ou d'histoires de l'inquisition.

*
* *

On pourrait avoir aussi de même un musée des inventions et découvertes dont les salles seraient classées :

1) par époques ;

2) par civilisations ou pays ;

3) par nature de matières.

1) On montrerait les inventions ou découvertes aux temps primitifs pour tous les pays, et ensuite pour les siècles successifs.

2) Pour chaque pays on montrerait les découvertes aux diverses époques.

3) Pour chaque science ou industrie on montrerait les inventions ou découvertes qui s'y rapportent. Il y aurait par exemple dans la salle de physique des tableaux montrant les premières découvertes, avec

2

des reproductions des divers instruments de physique trouvés successivement.

De même pour un musée de l'industrie, où l'on montrerait, dans des salles classées par pays ou par industrie, les divers procédés de fabrication, et les phases par lesquelles passe un objet avant d'être terminé.

3. — DIFFUSION PAR LA PAROLE

Multiplier les conférences, les rendre pratiques, gratuites, et les faire à des heures et dans des locaux accessibles à tous. Les faire le soir à des heures commodes, ou le dimanche.

Voici aussi, à cause de cela, comment nous voudrions voir les écoles primaires organisées :

Nous estimons d'abord que, étant donné que l'enfant où le jeune homme passe dans ces endroits près de 8 heures par jour, c'est-à-dire près du tiers de la journée et près du tiers de son existence à cette époque, il faudrait que ces établissements fussent établis dans des conditions aussi saines que possible, bien éclairés, bien aérés surtout. Vu que le corps humain à cet âge là est en pleine formation, et subit fortement toutes les influences pouvant le fortifier ou le débiliter.

Toujours à cause de cela, on devrait, dans les petites villes, établir les écoles primaires ou les collèges aux portes de la cité, et autant que possible dans un grand jardin ou propriété boisée. Ensuite, chaque école primaire devrait comprendre des salles de bains et de douches pour l'hiver et l'été, déclarées obligatoires pour les élèves, qui s'y rendraient à certaines heures, et certains jours de la semaine. Ces bains seraient naturellement gratuits, et rendraient de grands services à la bonne santé des générations futures d'une nation. Car il faut bien constater que sur dix élèves qui fréquentent les classes d'une école primaire, il y en aura peut-être en moyenne un seul qui prendra chez lui des bains régulièrement. Nous parlons ici des bains pris en hiver surtout, car en été les enfants se baignent plus souvent, quoique irrégulièrement aussi. Et cette irrégularité, surtout aux époques froides, provient de ce fait, soit que les parents sont négligents ou ignorants et méconnaissent les principes de propreté, et par conséquent d'hygiène et de santé, ou soit que la pauvreté les empêche d'envoyer leurs enfants dans des établissements de bains, qui sont en général trop chers, et inaccessibles pour beaucoup.

Et puisque l'État a intérêt à avoir des citoyens forts, sains et intelligents, c'est à lui que revient le soin de développer, de fortifier à la fois le corps et l'esprit des enfants, toutes les fois que la famille néglige de le faire, ou en est empêchée.

En dehors de cela, à chaque école devrait être attenante une salle de gymnastique bien comprise où on aurait une installation complète, avec leçons de boxe aussi, et de canne, afin d'augmenter les moyens physiques de défense de l'homme futur, et lui donner plus tard dans la vie le sentiment de la virilité et de la confiance en soi devant le danger. En résumé, tremper le corps et le caractère, et développer tout l'organisme et le cerveau dans toute leur harmonie.

Chaque école primaire bien organisée devrait comprendre aussi une bibliothèque commune, où l'élève trouverait facilement les livres dont il aurait besoin, et qu'il n'aurait pas quelquefois les moyens d'acheter au dehors, à cause de la pauvreté de ses parents. Cette bibliothèque serait une bibliothèque consultative, une salle de lecture où l'élève prendrait des notes, ou bien elle pourrait prêter des livres que l'élève étudierait à la maison.

A cette bibliothèque serait annexé un petit musée dans lequel l'élève verrait représenté d'une façon claire tout ce que le maître lui enseigne dans les classes. Il y aurait là de petites collections d'histoire naturelle, des tableaux d'histoire ou des objets d'art, des photographies de pays dont on lui parle dans les traités de géographie, des instruments de physique, de chimie, des tableaux astronomiques, des globes terrestres, des reproductions par la plastique de types ethniques, bref, tout ce que les livres ou les leçons du maître enseignent, tous les objets qu'il ne serait pas commode ni pratique, faute d'espace, d'avoir dans les classes, et qui ne peuvent trouver leur place que dans un musée. Les divers régents de l'école primaire auraient donc toujours de la sorte des exemples à montrer à leurs élèves. Quand le professeur d'histoire leur aurait parlé de l'Inde, par exemple, après son cours, au lieu de se contenter de la sèche description, il les mènerait au musée scolaire faisant partie de l'école, et là il leur montrerait des types hindous, des photographies du pays, des paysages, des monuments, des sculptures, etc. La leçon serait de la sorte toujours appuyée par un exemple, et se graverait beaucoup mieux dans le cerveau imaginatif de l'enfant.

Dans ce musée figureraient aussi les bustes des principaux bienfaiteurs de l'humanité, grands savants, artistes, philosophes, inventeurs ou pédagogues.

Etant donné aussi que le tabac et surtout l'alcool sont deux fléaux modernes, chaque classe de l'école primaire aurait, accrochés aux murs, des tableaux montrant les ravages produits par ces deux vices. Et cela pourrait être d'un grand effet sur l'impressionnabilité de l'enfant.

On distribuerait aussi à tout élève de l'école des brochures gratuites où seraient expliquées les principales règles de l'hygiène, soins de propreté, toilette, hygiène de la chambre, hygiène des dents, de la chevelure, etc., et on n'attendrait pas, comme on le fait toujours, que l'enfant soit atteint de maladies produites par la non observation de ces règles, pour lui parler de cette science. Malheureusement, de nos jours, au lieu de chercher à fortifier, à endurcir le corps de l'enfant, à prévenir les maladies, on s'occupe surtout à guérir celles-ci, une fois que le mal est fait. Ce qui fait peut-être l'affaire des médecins, mais non celle de la vitalité, de l'énergie physique d'une race, d'une nation.

* *

L'école primaire chercherait aussi à entrer en communion plus intime avec les parents des élèves, à intéresser les parents aux progrès des enfants, à leur travail scolaire, et à ne pas les rendre ennemis de l'école et de son enseignement, ainsi que cela arrive malheureusement trop souvent. Lorsque le régent dit blanc à l'école, les parents disent noir à la maison, soit par esprit de contradiction, soit parce qu'ils comprennent mal la méthode pédagogique suivie, ou soit par une sorte de sourde jalousie, une sorte de crainte de voir leur autorité ébranlée par celle du professeur.

L'enfant est ainsi tiraillé entre deux forces ; l'autorité du régent et celle des parents. Tandis que l'opposé devrait avoir lieu, et que la famille ainsi que le régent, devraient, au contraire, harmoniser leurs efforts dans la direction de l'éducation de l'enfant.

C'est pour cela que chaque école primaire devrait posséder aussi une salle de conférences, où, à des heures et à des époques commodes, on inviterait les parents des élèves et ces derniers, en leur faisant des conférences sur l'hygiène, sur les bonnes méthodes de travail, et où on traiterait diverses questions de pédagogie, de morale, ou d'économie domestique pouvant intéresser à la fois les élèves et leurs parents. On montrerait ainsi dans les conférences le but que l'on s'efforce d'atteindre dans l'enseignement de l'école, on intéresserait les parents au travail des élèves, on leur expliquerait la marche suivie, et ces parents à la maison continueraient pour ainsi dire ce que l'élève apprend à l'école, s'intéresseraient davantage aux travaux de leurs enfants, ne les contrarieraient pas, et deviendraient ainsi collaborateurs des régents et des professeurs, au lieu d'être ce qu'ils sont souvent, c'est-à-dire des ennemis ou quelquefois des ignorants ne comprenant rien à ce que font leurs enfants.

Les parents et les régents suivraient ainsi la même méthode d'éducation, uniraient leurs forces en vue du développement complet de l'enfant, au lieu de démolir réciproquement ce que chacun fait isolément, et de retarder ainsi les progrès de l'élève.

A l'issue de ces conférences on distribuerait aux parents des brochures gratuites sur l'hygiène ou diverses questions pratiques, et ces brochures pourraient être d'une très grande utilité, étant donné que beaucoup de parents, par simple ignorance, méconnaissent les premiers principes d'hygiène et de propreté, hygiène du corps, de la nourriture et des appartements, et suivraient naturellement ces principes, s'ils étaient avertis du danger d'y faillir. Ces brochures fixeraient pour ainsi dire les enseignements des conférences.

*
* *

Dans la grande salle seraient faites aussi parfois des conférences par le directeur de l'école primaire ou du collège, ou le chef du département de l'instruction publique ; conférences dans lesquelles on exhorterait les divers régents ou professeurs à unir leurs efforts, à faire converger leurs travaux vers une plus

grande unité. Leur montrer là que la
même méthode d'éducation doit se faire
sentir dans toutes les classes, et que
l'élève, entrevoyant l'unité des diverses
sciences, leurs points de contact et l'unité
de la méthode pédagogique, ne serait pas
désorienté comme cela arrive malheureusement trop souvent lorsqu'il passe
d'une classe à une autre.

Etablir parfois un même programme
traité par différents professeurs, et montrer par exemple que les diverses sciences
se pénètrent, s'entr'aident, découlent de
la même vérité, de la même lumière, et
que pour analyser, pour décrire par
exemple « un cerf », diverses sciences
doivent être mises à contribution.

On met à contribution l'arithmétique
pour indiquer, par exemple, le nombre
des côtes entrant dans la composition du
squelette de l'animal. On met à contribution la géométrie pour analyser la na-

ture de ses formes, on met à contribution la mécanique pour étudier la dyna-
mique de ses mouvements, on met à
contribution la chimie pour analyser la
composition de son sang ou de ses os. On
aura besoin de la géographie pour décrire
les lieux où il vit, etc., etc.

On devra aussi songer à supprimer des
manuels scolaires tout ce qui peut tendre
à rendre les élèves haineux pour les
autres nations, ou serviles vis-à-vis de
préjugés naturels ou sociaux.

On devra tendre aussi à ne pas développer dans les écoles la vanité de l'élève
par le système des concours existants.
On leur fera comprendre qu'ils ne doivent
pas travailler uniquement pour être les

premiers de la classe ou avoir des cou-
ronnes de lauriers imités en papier le
jour de la distribution des prix, mais
qu'ils doivent travailler pour développer
leur personnalité, et rendre celle-ci apte
à devenir plus tard utile à la Société, dans
toute la mesure de ses forces.

On fera bien comprendre aux élèves
qu'on ne les fait pas aller à l'école pour
les ennuyer ou simplement pour le plaisir de les fatiguer de problèmes, mais
que tout ce travail qu'on leur fait exécuter, est absolument dans leur intérêt,
et qu'ils ont tout profit à travailler autant que possible dans les classes.

C'est pour cela que chaque cours de
l'école primaire devrait être précédé d'un
historique de la branche enseignée. Le
professeur, avant de commencer son
cours, s'il s'agit d'arithmétique par
exemple, leur fera une courte histoire de
la naissance et des progrès de cette

science, et leur montrera ses nombreuses applications dans tous les domaines.

Et toujours en vue de cela, il devrait être fait dans chaque degré de l'école primaire un cours *d'Économie professionnelle* montrant aux élèves l'histoire des métiers et des carrières qu'ils auront à suivre plus tard, avec leurs avantages ou leurs difficultés, leurs conditions de réussite, et les sciences qui sont nécessaires pour leur exercice.

Les élèves se rendront compte ainsi que l'arithmétique, la géographie, l'histoire, le dessin ne leur sont pas enseignés pour le simple plaisir de les ennuyer ou de les occuper, mais que toutes ces branches leur seront au contraire nécessaires plus tard, lorsque, à la sortie de l'école, ils seront obligés de choisir une carrière scientifique, industrielle, commerciale ou agricole. Les élèves s'intéressent ainsi davantage à leur travail en

en comprenant mieux la portée, l'impor-
tance, les applications.

Supprimer aussi le système des pen-
sums consistant à faire copier cent fois
la même chose à l'élève, ou à lui faire
conjuguer des verbes imbéciles. Ce ne
sont que des pertes de temps. Lui faire
exécuter au contraire, à la place, des travaux utiles à son développement.

Introduire aussi des cours de logique
pratique afin de développer le raisonnement de l'élève et sa justesse de vision,
et lui montrer que ce sont les mêmes
procédés de raisonnement qui sont à la
base de toutes les sciences.

Il faudra dans les classes bien com-
biner aussi l'ordre des cours, afin de ne
pas fatiguer inutilement le cerveau des
enfants par des transitions trop brusques
d'une branche à une autre. On ferait par
exemple succéder un cours de géographie à un cours d'histoire, et les élèves

verraient ainsi les pays dont aurait parlé précédemment le professeur d'histoire.

Laisser aussi des intervalles de repos entre les cours.

***

En résumé, rendre le travail scolaire aussi attrayant, aussi intéressant que possible, et non rendre ce travail forcé, semblable à celui des prisonniers. On arrivera à cela en faisant toujours comprendre aux élèves l'intérêt des branches qu'on leur enseigne, l'intérêt de la science et des arts, et combien tout ce qu'on leur apprend sera utile plus tard, alors qu'ils seront adultes, et seront obligés de se créer un avenir.

On devra donc développer les élèves

en vue de cela, développer tout leur être,
leur être physique, moral, intellectuel et
imaginatif, afin de les fortifier, de les ou-
tiller autant que possible, leur donner
autant de virilité, d'intelligence et de
cœur possible, pour les futurs efforts et
travaux de leur carrière.

II

De la nécessité de placer les écoles dans leurs milieux harmoniques.

Partant de ce principe qu'il faut toujours autant que possible après un énoncé, un fait théorique, montrer un « exemple » ou une « expérience » renforçant ou complétant la théorie ou l'énoncé verbal, les écoles devraient toujours être placées dans des milieux qui leur seront le plus favorables, c'est-à-dire où elles trouveront commodément, pratiquement, à portée, des exemples vérifiant l'énoncé verbal, l' « *expérimentant.* »

C'est pour cette raison que nous verrions les écoles commerciales placées dans des villes très commerçantes, non loin des grands établissements commerciaux, ou dans des villes de ports de commerce, pour les commerces surtout maritimes. Les élèves pourraient avoir de la sorte facilement sous les yeux des exemples, des pratiques vérifiant les théories qu'on leur énonce.

C'est pour cette raison aussi que nous verrions les écoles industrielles placées dans des centres manufacturiers. Il pourrait y avoir en outre des écoles spéciales d'industrie, écoles de tissage, écoles de mécanique, écoles de menuiserie, de ferronnerie, de charpente, etc., avec des ateliers ou des usines atte-

nantes, faisant partie de l'école, admi-
nistrées et exploitées par l'école, et où les
ouvriers seraient au besoin d'anciens
élèves de cette école. Les jeunes élèves
auront toujours de la sorte à deux pas,
des exemples vérifiant les théories, et le
professeur pourrait toujours leur faire
expérimenter, ce qui serait difficile à la
seule théorie de faire. Ces écoles pourraient être subventionnées par l'Etat, ou
être la propriété gouvernementale.

C'est pour cela enfin que nous verrions
des écoles de sciences naturelles placées
à la campagne, au milieu de grandes
propriétés clôturées, et appartenant à
l'école.

Ces propriétés, en dehors des bâtiments
scolaires, renfermeraient de grandes
serres pour les plantes diverses, des jardins botaniques, un petit jardin d'acclimatation où seraient représentées les principales espèces d'animaux, des cages

pour l'hiver, des collections, des musées de minéralogie, de géologie, de zoologie, de botanique, d'anthropologie, de paléontologie, d'ethnographie. Dans les bois ou les forêts figureraient les principales essences d'arbres.

Une bibliothèque très complète serait attenante à l'école, ainsi qu'une salle de conférences.

Les professeurs de cette école pourraient ainsi toujours montrer des exemples aux élèves, sans sortir de la propriété scolaire. L' « expérimentation », le « fait » ; viendront toujours corroborer l'énoncé verbal.

Et si la Suisse se décidait un jour à créer une « *Ecole fédérale des sciences alpines* » nous verrions pour les mêmes raisons, cette école s'établir dans une région montagneuse, pas trop loin d'une ville cependant, et avec des moyens de communication faciles.

Et là, au milieu de la Nature, on montrerait aisément aux élèves la minéralogie, la géologie alpestres, ainsi que la flore, la faune, le travail des glaciers, etc.

III

Les Ecoles d'Art.

Les Ecoles d'Art pourraient être de même conçues d'une façon beaucoup plus rationnelle.

On devrait, en premier lieu, séparer les facultés de Lettres des Universités, et établir des « *Ecoles de littérature* » complètement à part. Les facultés de Lettres par le voisinage des autres sections des Universités, prennent une teinte beaucoup trop scientifique : beaucoup trop d'érudition. Or, la littérature est avant tout un Art.

Dans ces « *Ecoles de Littérature* » ou « *Ecoles du Verbe* », on devrait mettre en mains aux élèves tous les outils leur permettant de devenir plus tard des romanciers, des poètes ou des dramaturges. On leur apprendrait l'histoire de toutes les littératures passées, et l'histoire des littératures populaires, des légendes. Puis on leur donnerait aussi des leçons d'harmonie, des leçons de théorie de musique et de rhythmique, afin de leur développer le sens auditif. Ainsi que des cours de logique et de psychologie pouvant servir aux romanciers futurs. Il y aurait également une petite scène attachée à l'école de façon à montrer aux futurs dramaturges les ressources et les combinaisons scéniques, et de permettre aux poètes la lecture à haute voix de leurs œuvres scolaires.

Dans une autre classe enfin, on apprendrait aux élè   toute la technique, la pratique de leur art. On leur apprendrait la correction des épreuves, la façon dont se fait, s'imprime et s'édite un poème ou un roman, la façon dont se monte un drame, la technique d'un théâtre, etc.; toutes choses pratiques qui les armeront mieux par la suite, et qui leur éviteront les inévitables pertes de temps et tâtonnemens des débuts.

*
* *

Les « *Ecoles de Musique* » seront franchement aussi séparées des Conservatoires habituels, établissements où la partie d'Art, la partie de composition musicale est noyée, est minime à côté des classes surtout destinées à former des virtuoses, c'est-à-dire de bons pianistes, violonistes, etc., ou des acteurs de Drame ou d'Opéra.

Ces « *Ecoles de Musique* » seront donc surtout destinées aux futurs créateurs, aux futurs compositeurs de musique, et non pas aux violonistes ou acteurs de l'avenir. Ces écoles devront de même avoir un petit théâtre annexe, où les élèves se rendraient compte des effets scéniques ou d'harmonie de l'orchestre, mise en scène, etc., et où au besoin on les initierait à l'art de diriger un orchestre et de distribuer les masses vocales ou instrumentales. Et lorsqu'on leur fera des cours d'harmonie ou de contrepoint, on aura ainsi toujours un orchestre et une scène sous la main, pouvant servir à « *vérifier* » les exemples théoriques qu'on leur cite.

Ils pourront ainsi expérimenter la sonorité des divers instruments, ou les multiples combinaisons orchestrales dont on leur parle. En un mot, faire suivre toujours la théorie de l'exemple immédiat.

*
* *

Une Ecole des Beaux-Arts rationnelle devrait contenir à côté de sa bibliothèque un musée de peinture, de sculpture et d'architecture, où figureraient des originaux, ou des reproductions par le plâtre ou la photographie. Il devrait y avoir aussi des salles de musée divisées par civilisations, civilisation égyptienne, assyrienne, grecque, romaine, etc.

La salle égyptienne renfermerait des reproductions d'architecture, de peinture,

de sculpture et d'arts industriels et décoratifs, montrant l'harmonie et l'enchaî-
nement de l'art pour toute civilisation ou
race, la relation qu'il y a entre un simple
bijou et un monument de cette civilisation, et comme quoi enfin tous les arts
d'une même civilisation sont ordonnés
selon le même rhythme. Le professeur
d'histoire ou de théorie de l'Art aurait
ainsi des exemples palpables à montrer,
au lieu de sèches explications ou de
mauvaises figures isolées.

Pour les architectes, il devrait y avoir
une salle-musée où on leur montrerait
des échantillons des divers matériaux
dont on leur parle, ainsi que des exemples
de coupe de pierres ou de charpentes,
des instruments et outils principaux, et
des modèles de machines servant à la
construction.

Les sculpteurs et les peintres devraient
avoir aussi des échafaudages volants,

leur permettant de se rendre compte de l'effet de sculptures ou de peintures monumentales aux différentes hauteurs. Effets d'optique, de raccourcis, etc.

Aux sculpteurs on montrerait toute la technique de leur art, la mise au point, la technique du marbre, de l'argile, du bois, du bronze. On leur expliquerait comment on fond une statue, comment on débite le marbre, on leur montrerait l'outillage servant à la fonte, au moulage, etc.

Aux peintres enfin on expliquerait la chimie des couleurs, la technique de la fresque, de la détrempe, l'art de broyer les couleurs, etc., toutes choses qui les prépareraient aux expériences, aux réalités futures de leur carrière artistique, et leur permettraient d'assurer une meilleure conservation de leurs toiles.

* *

Quant aux écoles d'art industriel et décoratif, nous les verrions non pas installées dans les villes, mais à la campagne, en pleine nature, et autant que possible pas trop loin des villes d'art, avec des moyens faciles de communication.

On dit toujours aux artistes d'art industriel ou décoratif : « Pour vous renouveler il n'y a qu'une chose à faire, retrempez-vous dans la nature, étudiez-là, inspirez-vous de ses innombrables formes, c'est comme cela seulement que vous créerez un art industriel et décoratif nouveau et savoureux. »

Or, tout ceci est très joli en théorie, mais que voyons-nous en pratique? Nous avons le spectacle d'écoles d'art installées dans les villes, et où comme nature les élèves ont sous les yeux les plantes représentées dans des livres, dans des recueils spéciaux, ou bien quelques fleurs naturelles qu'ils ont sous la vue, piquées dans des verres d'eau, en des classes dépourvues de toute autre végétation.

Il faut avouer que tout cela est insuffisant, et il faudrait procéder de toute autre façon pour mettre la pratique en harmonie avec la théorie très juste, qui consiste à dire aux élèves de s'inspirer de la nature. Or, il est évident qu'il est difficile à un élève de s'inspirer de cette nature d'après des livres seulement, ou devant une fleur coupée plantée dans une carafe, entre les quatre murs d'une classe située dans une ville envahie par les tramways et les voitures.

Que faudrait-il donc faire?

Il ne resterait qu'à placer ces écoles

d'art industriel et décoratif à la campagne, comme nous le disions au début, non loin d'une ville d'Art, et avec des moyens de communication aisés.

Dans un grand enclos serait l'école avec toutes ses dépendances, prairies, bois, ruisseaux, jardins, où les élèves trouveraient toujours des sujets d'étude, et lorsque les professeurs leur parleraient de la beauté décorative des arbres ou des fleurs, au lieu de se borner à cette sèche constatation, ils pourraient toujours joindre l'exemple à la théorie, et sur place leur expliquer la beauté décorative des ramures, la variété ornementale des fleurs de prairies ou de jardins, les mille nuances des insectes, les reflets des eaux, et la grâce des nuées. Et après cela les élèves pourraient s'inspirer des multiples exemples et dessiner sur place les fleurs et les tiges alors qu'elles sont vivantes, toutes chargées de rosée, et qu'elles frissonnent sous les matinales brises.

Les élèves trouveraient donc là tout sous la main, tout sous les yeux, alors que dans les villes rien n'est installé à cet effet. Les musées d'histoire naturelle et les collections de botanique ne sont nullement organisés en vue d'élèves artistes, ces collections sont faites pour le public visiteur et non pour l'étude du dessin. Et non seulement il n'est pas commode d'y dessiner, mais ces édifices se trouvent souvent fort éloignés des écoles, et occasionnent par ce fait des pertes de temps considérables. En un mot, tout cela n'est guère pratique, et encore une fois, n'est pas du tout fait en vue de l'étude des arts décoratifs.

Il faudrait, en outre, dans cette école rationnelle, et dans un coin de la propriété, installer un petit jardin d'acclimatation où les élèves pourraient étudier la beauté décorative des diverses sortes d'animaux. A ce jardin se rattacheraient des cages, des volières, un aquarium pour les plantes fluviales ou maritimes, et les si décoratifs poissons ou animaux et fleurs aquatiques. Puis des collections d'histoire naturelle, de papillons et d'insectes, de cristaux, de coquillages, avec des serres de plantes et de fleurs rares, permettant aux élèves, en toute saison, de s'inspirer de toute la flore et de toute la faune de la nature.

Les élèves auraient donc là tout ce qu'il faut pour dessiner commodément. Les collections seraient faites pour eux, ils pourraient s'inspirer de toute la flore et la faune, dessiner d'après nature les mouvements des oiseaux, des insectes, ou les corolles des fleurs. Ils auraient la nature constamment sous les yeux, de l'aurore au crépuscule, avec les spectacles changeants du Printemps, de l'Eté, de l'Automne et de l'Hiver.

Une pelouse spéciale leur serait aussi affectée pour l'étude du modèle humain nu, en plein air, avec toutes les modifications captivant qu'y apportent les divers jeux de la lumière, et les reflets du sol ou des feuillages. On sortirait ainsi de l'éternelle et froide étude du modèle d'académie, du modèle posant entre quatre murs, et donnant toujours les mêmes effets, les mêmes attitudes, les mêmes conventionnelles lumières et éclairages des salles de dessin.

Les élèves trouveraient donc là un endroit où étudier en plein air et librement le modèle nu, alors que sans cela, dans l'organisation actuelle, il est très difficile à un artiste de faire poser un modèle en plein air, l'artiste essayant cela risquant toutes les mésaventures avec les passants ou les voisins, ou les autorités de l'endroit. Et pourtant il doit en toute logique pouvoir faire facilement poser les modèles à l'air libre, étant donné que la plupart des tableaux de nus représentent des corps d'hommes ou de femmes en pleine nature, dans les bois ou dans les prés.

L'expression : « Etudier la nature » ne serait donc plus une phrase vaine et creuse signifiant une chose impraticable pour les élèves de cette école, mais deviendrait une réalité. Car ces élèves pourraient là, en pleine campagne, étudier les fleurs, les bois, le dessin des branches, les formes des insectes, le vol des oiseaux, la couleur des animaux, leurs mouvements, les corps d'hommes et de femmes dans la nature, à l'air libre, et cette nature deviendrait pour eux un livre ouvert, un enseignement réel, constant, absolu, au lieu d'être une abstraction dont on leur parle beaucoup dans les écoles, mais dont on ne leur donne pas les moyens pratiques de disposer et d'étudier en toute liberté.

L'enseignement de cette école serait donc ainsi fécond, les élèves s'initieraient à toutes les richesses de la Nature, et pourraient étudier sur place et commodément, toutes les ressources qu'elle offre pour les applications de l'art industriel et décoratif.

A cette école serait attenant un petit musée-bibliothèque où les élèves pourraient se rendre compte des arts du passé, et où ils pourraient trouver des points de comparaison avec la nature qu'ils ont sous les yeux.

Ce musée-bibliothèque aurait ainsi une utilité comparative, et on ne montrerait pas des livres ou objets des temps anciens pour apprendre aux élèves à les plagier, mais on s'en servirait simplement comme enseignement servant à montrer comment les peuples ou les races du passé ont tiré parti des fleurs ou des animaux que les élèves peuvent avoir sous les yeux dans les parcs ou jardins de l'école.

Dans la même propriété de cette école se trouveraient aussi des ateliers d'art, ateliers de tissage, de céramique, de ferronnerie, de verrerie, de menuiserie, de tapisserie, de ciselure, etc., avec tout leur outillage, et où les élèves pourraient fabriquer des objets et se rendre compte ainsi de toutes les conditions techniques, et de tout l'outillage nécessaire pour confectionner, pour « réaliser » une étoffe, un meuble, une verrerie, un bronze ou un vase de faïence. Les élèves se rendraient compte ainsi des lois de convenance et d'adaptation, et verraient alors que chaque matière a ses exigences de forme, de mouluration, de couleur, etc.

L'élève aurait tendance de la sorte non pas à composer des choses illogiques, inexécutables, mais des œuvres pouvant parfaitement s'exécuter au contraire en faïence, en verre, en métal ou en étoffe. Alors que le plus souvent dans les écoles on apprend à dessiner n'importe quelle forme sur le papier, sans que l'élève puisse se rendre compte comment cette forme pourrait s'exécuter dans la matière pour laquelle elle est destinée. Et les formes illogiques, ou inconstructibles que l'on voit souvent dessinées dans les compositions d'élèves d'Écoles d'art décoratif, n'ont pas d'autre origine que l'ignorance technique des élèves, l'impossibilité dans laquelle ils se trouvent de constater comment se fabriquent les objets qu'ils composent.

Le régime scolaire serait l'externat si l'école se trouvait non loin d'une ville, ou l'internat dans le cas contraire, avec alors des magasins d'articles de dessins, des réfectoires, ou salles à manger, des chambres à coucher, des salles de bains, de gymnastique, etc.

Il va sans dire que non seulement l'enseignement serait gratuit, mais que les élèves pauvres et doués suivraient l'école avec des bourses de l'Etat leur assurant la fréquentation et le séjour de l'Ecole pendant toutes leurs années d'études.

L'Etat aiderait ensuite, après la période scolaire, au placement des élèves dans les différentes manufactures ou industries d'Art, nationales ou privées.

TABLE

Imp. DESTENAY, Bussière frères. St-Amand (Cher.

Librairie de la FRANCE SCOLAIRE

INSTRUCTION PUBLIQUE

L'Ecriture moderne, nouvelle méthode, par C. Jeannol, instituteur à Paris. *Manuel du Maître*, 1 »»

Méthode de Lecture et d'Orthographe, par P.-F. Aupetit, instituteur de l'Allier. *Livre du Maître*. . . . . 1 »»

100 Récitations, cours élémentaire, par V. Cavros, instituteur 0 60

Les Voix de l'Aurore, lecture et récitation, par J. Courdil, instituteur 0 75

Traité populaire sur l'Air atmosphérique, par Eugène Hoffmann, professeur 1 60

L'Hygiène du Paysan, par le Docteur Bœll, délégué cantonal 1 20

Résumé de Sciences usuelles, par F. Lechantre, instituteur 1 10

La Science des chiffres, par J. Laffaille . . . . . 5 »»

Histoire de France en 1000 mots, par Edouard Achard. 0 50

ÉDUCATION PUBLIQUE

L'Education du peuple après l'école, par le Docteur Gustave Vallat, Censeur du Lycée Gay-Lussac. . . . . 1 »»

Les Patronages Scolaires, par Edouard Gillet, instituteur (*Souscription de la Ville de Paris pour ses Bibliothèques*). 0 60

La Conférence populaire, par Edouard Gillet, instituteur 0 60

L'Education populaire, Documents officiels, 1894-95, 2ᵉ édition. . . . . 2 »»

Librairie de la FRANCE SCOLAIRE

INSTRUCTION PUBLIQUE

L'Ecriture moderne, nouvelle méthode par C. JEANNOL, instituteur à Paris. *Manuel du Maître.* 1 »»

Méthode de Lecture et d'Orthographe, par P.-F. AUPETIT, instituteur de l'Allier. *Livre du Maître.* . . . . 1 »»

100 Récitations, cours élémentaire, par V. CAVROS, instituteur 0 60

Les Voix de l'Aurore, lecture et récitation, par J. COURDIL, instituteur 0 75

Traité populaire sur l'Air atmosphérique, par Eugène HOFFMANN, professeur 1 60

L'Hygiène du Paysan, par le Docteur BŒLL, délégué cantonal 1 20

Résumé de Sciences usuelles, par F. LECHANTRE, instituteur 1 10

La Science des chiffres, par J. LAFFAILLE . . . . . 5 »»

Histoire de France en 1000 mots, par Edouard ACHARD 0 50

ÉDUCATION PUBLIQUE

L'Education du peuple après l'école, par le Docteur Gustave VALLAT, Censeur du Lycée Gay-Lussac. 1 »»

Les Patronages Scolaires, par Edouard GILLET, instituteur (*Souscription de la Ville de Paris pour ses Bibliothèques*). . . . . 0 60 .

La Conférence populaire, par Edouard GILLET, instituteur 0 60

L'Education populaire, DOCUMENTS OFFICIELS, 1904-05, 2ᵉ édition. . . . . 2 »»

BIBLIOTHÈQUE SCOLAIRE

SAINT-AMAND, CHER. — IMPRIMERIE BUSSIÈRE FRÈRES.

9 782019 303600